AF602742

27 janvier 1875

M. B.

Exemplaire de Barre

VENTE

Du Mercredi 27 Janvier 1875

HOTEL DROUOT, SALLE N° 7

CATALOGUE

D'UNE JOLIE RÉUNION

DE

TABLEAUX

ANCIENS

DES ÉCOLES FRANÇAISE ET HOLLANDAISE

DESSINS, MINIATURES

EXPOSITION PUBLIQUE

LE MARDI 26 JANVIER 1875

COMMISSAIRE-PRISEUR	EXPERT
Me CHARLES OUDART	M. ÉMILE BARRE
31, rue Le Peletier	20, Chaussée d'Antin

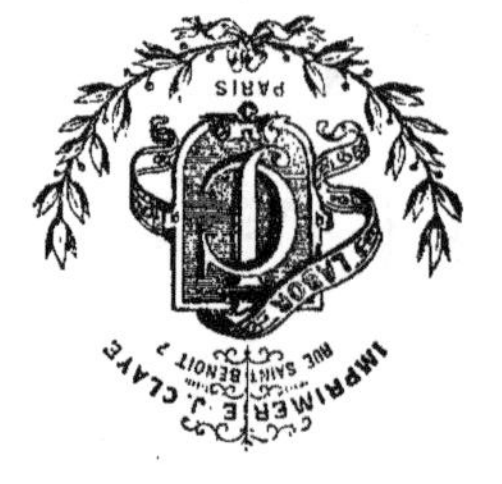
PARIS
LABOR
IMPRIMERIE J. CLAYE
RUE SAINT-BENOIT 7

CONDITIONS DE LA VENTE.

Elle sera faite au comptant.

Les acquéreurs payeront *cinq centimes par franc*, en sus des enchères, applicables aux frais.

L'Exposition mettant les Adjudicataires à même de se rendre compte de l'état et de la nature des objets, il ne sera admis aucune réclamation une fois l'adjudication prononcée.

TABLEAUX

DÉSIGNATION

TABLEAUX

ARETUS (*D'après* LE CORRÈGE)

1. — Mariage de sainte Anne.

BACKUYSEN

2. — Barques de pêcheurs et Bâtiments en pleine mer.

BACKUYSEN

3. — Bâtiments et Barques en vue de Dordrecht.

BALEN (VAN)

4. — Anges célébrant la gloire de la Sainte-Famille.

BILCOQ

100

5. — Intérieur d'étable avec figures et animaux.

BOECK (VAN)

6. — Poule et Coq surpris par un renard.

BOILLY

280

7. — Vue de l'ancienne grande galerie du Louvre.

BOISSIEU (DE)

8. — Environs de Lyon.

BRAKENBURG

350

9. — Intérieur de taverne flamande.

BREUGHEL

200

10. — Paysage avec sujet mythologique.

BREUGHEL

11. — Paysage avec sujet mythologique.

Ces deux tableaux forment pendants.

BREUGHEL

12. — Entrée de forêt avec figures.

CALLOT (*Signé*)

13. — Vue de la Tour de Nesle et du vieux Louvre.

CANALETTI

14. — Vue de la place Saint-Marc à Venise.

CANALETTI

15. — Vue du grand canal à Venise.

CASANOVA

16. — Trompette.

CORRÉGE (*École du*)

17. — La Madeleine au désert.

CORRÉGE (*Attribué au*)

18. — Petite Tête d'ange.

CROOS (*Signé et daté 1655*)

19. — Canal de la Hollande avec habitations rustiques et pêcheurs.

DEVRIES

20. — Habitation rustique sur le bord d'une route avec personnages.

DIÉTRICY

21. — Entrée de palais au bord de la mer.

DOMINIQUIN (Le)

22. — L'Ascension du Christ.

DREUX-DORCY

23. — Tête de jeune femme.

DROLLING

24. — Tête de jeune paysanne.

DROLLING

25. — Tête de jeune garçon.

Ces deux tableaux forment pendants.

DROLLING

26. — La Partie de cartes.

DROLLING

27. — La Jarretière.

DYCK (Van)

28. — Portrait de seigneur en costume noir.

FRANCK (Le Vieux)

29. — Sujet allégorique de la Science et de l'Ignorance.

FRANCIA

30. — Vierge dans sa gloire.

GÉRICAULT

31. — Course de chevaux en liberté à Rome.

GREUZE

32. — La petite Pleureuse.

GREUZE (*D'après*)

33. — La Philosophie endormie.

GREUZE (*D'après*)

34. — Tête de jeune fille.

LAFONTAINE

35. — Intérieur d'église.

LAMPI

36. — Vénus.

LEBRUN (Mme)

37. — Portrait de Marie-Antoinette.

LEDOUX (Mlle)

38. — Tête de jeune fille.

LEPRINCE (Xavier)

39. — Vue de Suisse.

MARILHAT (*Signé et daté*)

40. — Vue de Pausilippe, près de Naples.

MENDERHOUT (*Signé*)

41. — Village avec château-fort au bord d'un canal.

*

MOLENAER (*Signé*)

42. — Canal glacé avec patineurs.

NATTIER

43. — Portrait de jeune dame en costume gris.

NEEFS (PETER)

44. — Intérieur d'église avec figures.

NEEFS (PETER)

45. — Intérieur d'église.

NETSCHER

46. — Portrait d'homme.

OSTADE

47. — Les Joyeux Buveurs.

PILLEMENT

48. — Le Départ pour le marché, effet du matin.

PILLEMENT (*Signé et daté 1791*)

49. — Le Repos des moissonneurs, site italien.

PORBUS

50. — Portrait de seigneur; époque *Henri III*.

PORBUS (Le Vieux)

51. — Portrait de dame en costume de la cour de Henri III.

ROTTENHAMER

52. — Bethsabée au bain.

RUBENS

53. — Portrait de seigneur en costume noir et collerette blanche.

SPÆNDONCK (Van)

54. — Bouquet de fleurs dans un vase.

SWEGERS

55. — La Serinette.

SWEGERS

56. — La Toilette de bal.

Ces deux tableaux forment pendants.

TENIERS

57. — Les Pêcheurs.

TENIERS

58. — La Causerie.

Ces deux tableaux forment pendants.

TENIERS

59. — Paysage avec cours d'eau et château, orné de figures.

TENIERS

60. — Intérieur de taverne flamande.

TIÉPOLO

61. — Entrée triomphale d'un empereur romain.

TIÉPOLO

62. — Portrait de personnage en costume oriental.

VALLAYER-COSTER (Mme)

63. — Nature morte.

VERNET (J.)

64. — Paysage avec chutes d'eau et figures.

VERNET (J.)

65. — Une Tempête.

VLIEGER

66. — Mer houleuse.

VOIS (ARY DE)

67. — Le Buveur flamand.

WERF (VAN DER)

68. — Vénus au repos.

WOUVERMANS (PIERRE)

69. — Le Campement.

ÉCOLE FLAMANDE

70. — Le petit Mendiant.

ÉCOLE FRANÇAISE

71. — Portrait de Louis XIV assis en costume de cérémonie.

AQUARELLES

ET DESSINS

AQUARELLES ET DESSINS

72. — AUBIN (Saint)....... La Promenade; mine de plomb.

73. — BOUCHER........... Tête de jeune fille; crayon rouge.

74. — BOUCHER (*Signé et daté*). Vénus à la Colombe; crayon rehaussé.

75. — BOUCHER (*Signé*).... Le Triomphe de Vénus; crayon rehaussé.

76. — DELARUE........... Bacchanale d'amours; plume et sépia.

77. — DELARUE........... Enlèvement des Sabines; plume et sépia.

78. — DELARUE........... Le Sénat romain; plume et sépia.

79. — DEMACHY.......... Vue de l'ancienne Porte Saint-Bernard à Paris; plume et aquarelle.

80. — DIGHTON (*École anglaise*). L'Enfant chéri; aquarelle.

81. — DIGHTON (*École anglaise*). La jeune Mère; aquarelle.

82. — DUPLESSIS-BERTAUX. Fête de la Fédération en 1793 au Champ-de-Mars; plume et aquarelle.

83. — DUPLESSIS-BERTAUX. La Fête de l'Agriculture.

Pendant du précédent.

84. — EISEN.............. Jeu d'enfants.

85. — FRAGONARD........ Intérieur de bois avec chaumière; dessin rehaussé.

86. — FRAGONARD........ Paysage; sépia.

87. — FRAGONARD........ La Fermière endormie; sépia.

88-89. — FRAGONARD (*Signé*). Deux dessins allégoriques; sépia.

90. — FRAGONARD (*D'après*) La Femme au Chat.

91. — GÉRICAULT......... Les Maquignons; dessin à la plume.

92. — GIGMONIS.......... Le départ pour la Chasse; aquarelle.

93. — GOLTZIUS.......... Portrait de Henri III; dessin sur vélin.

94. — GRAVELOT......... Pan et Syrinx; dessin à la plume rehaussé.

95. — GREUZE........... La Réflexion; esquisse à l'encre de chine.

96. — GREUZE........... Jeune Paysanne debout; dessin rehaussé.

97. — ~~HOUEL.............. Marine.~~

98. — ~~LAJOUE (*Signé*) .... Décor d'~~opéra.

99. — LALLEMAND....... Intérieur de Parc avec ruines et figures.

100. — LALLEMAND. ..... Pendant du précédent.

101. — LECARPENTIER (*Signé*). Vue de la ville d'Auxerre.

102. — LEMOINE.... .... Bacchanale de Nymphes et d'Amours; gouache.

103. — LÉPICIÉ... .... La Ménagère; dessin rehaussé.

104. — LEPIPRE.......... Le Retour à la caserne; aquarelle.

105. — ~~LEPRINCE (Xavier).. Foire,~~ sépia.

106. — MARILLIER .... La Petite marchande.

107. — MARTIN .... Une Chasse à Chantilly ; gouache.

108. — MARTIN .... Pendant du précédent ; gouache.

109. — MERAIRY .... Gravure d'après Paul DELAROCHE.

110. — MIEL (JEAN) .... Le Triomphe du bourgmestre.

111. — MOUCHERON .... Paysage.

112. — MURILLO (*D'après*) .. Le petit Marchand de citrons ; aquarelle.

113. — NATTIER .... Portrait de dame tenant un chien carlin ; dessin rehaussé sur vélin.

114. — PEREGO .... L'Attente ; aquarelle.

115. — RAPHAEL (*D'après*) .. Sainte-Famille; crayon noir.

116. — SWEBACH .... Chasse.

117. — TENIERS .... Scène de cabaret ; pastel.

118. — TIÉPOLO (*Signé*) .... Centaure enlevant une faunesse.

119. — VIGÉE-LEBRUN (Mme) (*Signé 1782.*) Buste d'une jeune fille ; pastel.

120. — VIGÉE-LEBRUN (Mme) Pendant du précédent.

121. — WATTEAU .... Diner champêtre.

122-123. — ÉCOLE ALLEMANDE du XVIe siècle. Deux médaillons représentant des scènes de justice; dessin à la sépia.

124. — ÉCOLE ANGLAISE... Course de chevaux; aquarelle.

125. — ÉCOLE ANGLAISE.. Pendant du précédent.

126. — ÉCOLE ANGLAISE... Le Contre-temps; aquarelle.

127. — ÉCOLE FRANÇAISE. Portrait de dame en costume Louis XVI; gouache.

128. — ÉCOLE DU XVIe SIÈCLE. Deux très-beaux dessins de vitraux à la plume.

129. — Dessin italien.

1 Gravure de 8 eaux fortes — 20 f.

[illegible]

[illegible] couleur — 30

1 Gravure Rembrandt Paysage }
2 Petits Portraits d'homme eaux fortes } 40

1 Gravure Pointe le Vive }
1 id — d'après Greuze } 10
1 id d'après Ostade }
1 id d'après G. Dow. }

2 Gravures Lemoine — 10

1 Gravure fond or 20

2 Gravures d'après Watteau 30 f —

[illegible]

13 Pots [illegible] divers — 4-50

1 [illegible] [illegible] [illegible] 5

7 [illegible] 5 —

Le grand [illegible] 3 - 50

1 [illegible] 6. —

2 [illegible] — 6. 50

1 [illegible] 15

[illegible]

MINIATURES

MINIATURES

130. — Très-belle gouache DU XVIe SIÈCLE, représentant saint Jean prêchant dans le désert.

131. — Portrait de dame, époque *Louis XIV*.

132-133. — Deux Portraits de seigneurs en armure.

134. — CARMONTEL........ J.-J. Rousseau copiant de la musique.

135. — CARRACHE (*École de*). Deux Gouaches dans leur cadre original en cuivre, aux initiales M. M. surmontées de la couronne royale.

136. — DEMARNE......... L'Abreuvoir.

137. — DIETRICK.......... Deux Gouaches, représentant des types de boutiquiers allemands.

138. — FRAGONARD....... Allégorie de l'Amour.

139. — LANTARA.......... Effet de nuit.

140. — SAUVAGE (*Signé*)... Portrait de Diderot.

141. — SAUVAGE.......... Portrait d'un personnage de la fin du XVIIIe siècle.

142. — TAUNAY........... Le Retour du marché.

143. — VERNET (J.)....... Le Calme.

Vente Conti, 1777.

144. — VERNET (J.)....... La Tempête.

Vente de Calonne. 1788.

145. — VIEN FILS (*Signé et daté 1808*). Portrait d'enfant.

146. — ÉCOLE FRANÇAISE. Portrait d'une femme de la Révolution.

147. — Plaque en émail, représentant le Christ en croix.

PARIS. — J. CLAYE, IMPRIMEUR, 7, RUE SAINT-BENOIT. — [154]

(1)

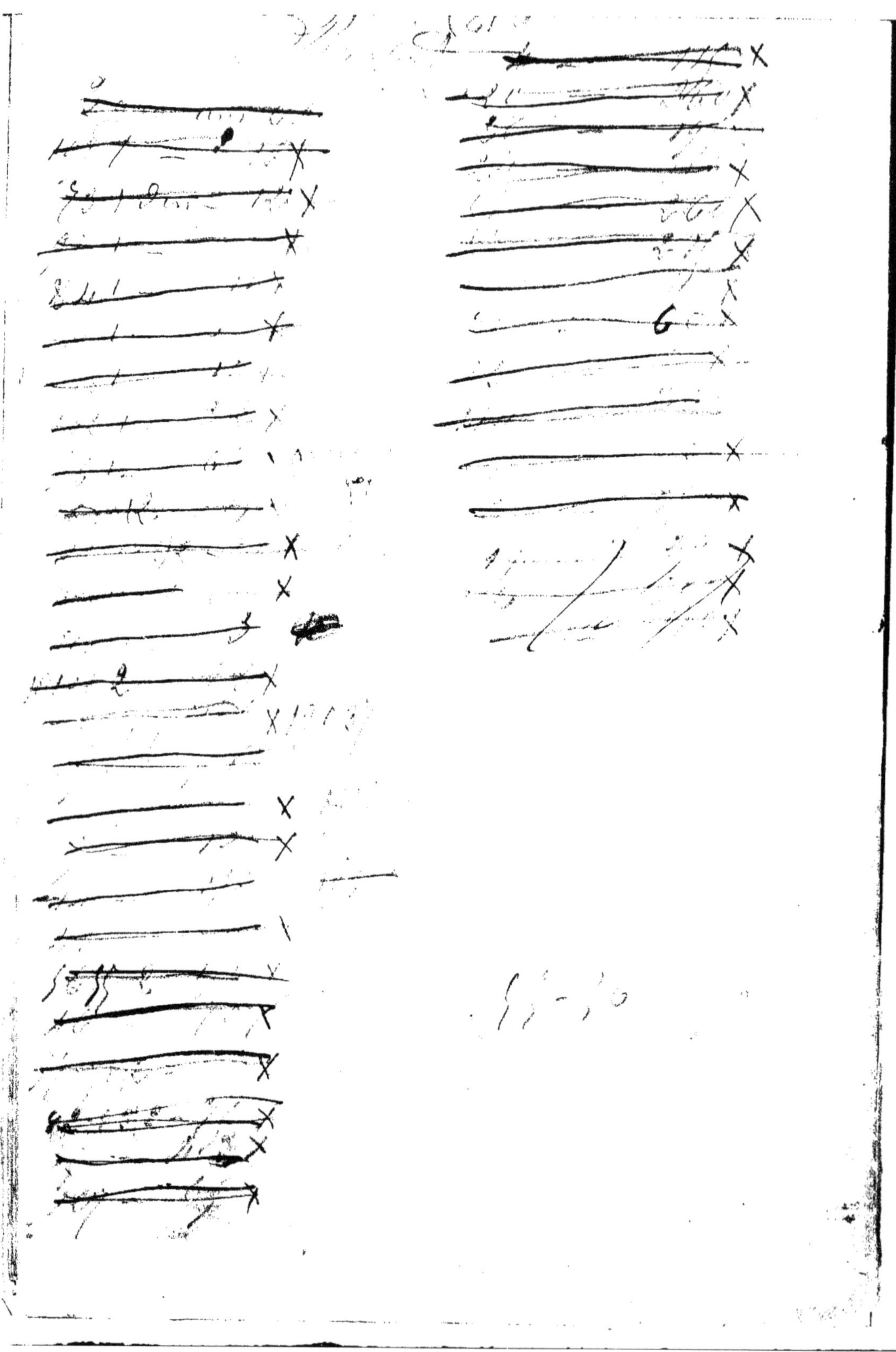

www.ingramcontent.com/pod-product-compliance
Ingram Content Group UK Ltd.
Pitfield, Milton Keynes, MK11 3LW, UK
UKHW021028260726
13994UKWH00005B/2007